Freud & a cultura

Coleção **PASSO-A-PASSO**

CIÊNCIAS SOCIAIS PASSO-A-PASSO
Direção: Celso Castro

FILOSOFIA PASSO-A-PASSO
Direção: Denis L. Rosenfield

PSICANÁLISE PASSO-A-PASSO
Direção: Marco Antonio Coutinho Jorge

Ver lista de títulos no final do volume

Betty B. Fuks

Freud & a cultura

ZAHAR

Capa
Sérgio Campante

CIP-Brasil. Catalogação na fonte
Sindicato Nacional dos Editores de Livros, RJ

Fuks, Betty Bernardo
F972f Freud e a cultura / Betty Bernardo Fuks. — 1ª ed. — Rio de Janeiro: Zahar, 2003.
(Passo-a-passo; 19)

Inclui bibliografia
ISBN 978-85-7110-723-6

1. Freud, Sigmund, 1856-1939. 2. Psicanálise e cultura. I. Título. II. Série.

CDD: 150.1952
11-4824 CDU: 159.964.2

EDITORA SCHWARCZ S.A.
Praça Floriano, 19, sala 3001 — Cinelândia
20031-050 — Rio de Janeiro — RJ
Telefone: (21) 3993-7510
www.companhiadasletras.com.br
www.blogdacompanhia.com.br
facebook.com/editorazahar
instagram.com/editorazahar
twitter.com/editorazahar

Esta obra foi composta por TopTextos Edições Gráficas em Minion e Frutiger e impressa em processo sob demanda pela Um Livro sobre papel offset para a Editora Schwarcz a partir de 2024

Sumário

Introdução

Se é verdade que o principal legado de Freud foi a fundamentação de um método de cura no qual, falando para o outro, um homem encontra alívio à dor e à angústia, também é certo que a psicanálise inovou, de forma radical e irreversível, o modo de se refletir e pensar a cultura. Fonte inesgotável de sentidos diversos sobre a vida e a morte, as múltiplas vozes dessa figura — a cultura — serviram de matéria-prima à elaboração da teoria freudiana, durante um período em que quase todos os aspectos da vida social e das idéias sofriam grandes transformações no Ocidente.

Na esteira dessas mudanças, o mestre de Viena abandona a clássica concepção de uma divisão entre psicologia individual e psicologia coletiva, colocando-as no mesmo espaço de esclarecimento. De acordo com sua experiência clínica, passou a considerar como fenômeno social toda e qualquer atitude do indivíduo em relação ao outro: a experiência subjetiva, objeto privilegiado do trabalho analítico, implica, necessariamente, a referência do sujeito ao outro (pais, irmãos, pessoa amada, analista etc.) e à linguagem (Outro) que o determina simbolicamente. No plano do coletivo, a vida social apenas apresenta unidades cada vez mais amplas, sempre obedientes às mesmas leis que marcam o indivíduo.

A abordagem dos fenômenos psíquicos assim formalizada descortinou uma outra oposição: o conflito entre vida social e os processos de não-reconhecimento do outro, chamados narcísicos. Sob esse novo registro, Freud afirmou a prática psicanalítica como a especificidade de sua invenção, ao mesmo tempo em que, levando as conseqüências da descoberta do inconsciente até o fim, estendia seu entendimento aos sintomas e ao mal-estar da coletividade humana. Assim, rapidamente ele começou a construir um complexo instrumental teórico sobre cultura, totalmente articulado com as bases do saber psicanalítico, para o qual o fato de a "outra cena" (expressão utilizada por Freud para designar o inconsciente) se apresentar como individual ou coletiva não tem qualquer importância conceitual.

Ao longo da história do movimento psicanalítico, embora esse princípio tenha sido inúmeras vezes abandonado — quando alguns analistas cuidaram de reduzir a psicanálise a uma simples psicologia individual, tendo como horizonte de trabalho o sonho de adaptar o eu à sociedade —, sabe-se que ele impõe ao psicanalista o destino de tornar-se um crítico da cultura que testemunha. No entanto, para desenvolver plenamente a capacidade de empreender questionamentos contundentes e avaliações críticas confiáveis sobre os fenômenos coletivos, sem correr o risco de gerar apenas interpretações psicanalíticas selvagens e estereotipadas, é preciso sempre navegar na direção do inefável da experiência clínica. Essa é a garantia e o suporte do perpétuo vir-a-ser do saber psicanalítico e de sua transmissão.

Este livro pretende, dentro dos limites que lhe são impostos, oferecer um mapa dos esforços de Freud em identificar as manifestações do inconsciente fora do âmbito da clínica, na leitura dos fenômenos e sintomas culturais que mais chamaram atenção e mereceram sua aguda reflexão crítica. Espera-se, com isso, que o leitor possa apreender os efeitos subversivos do legado freudiano diante de um mundo que caminha, cada vez mais, na direção do apagar das diferenças e da homogeneização perversa e obscena. Regidos por um narcisismo que ultrapassa o essencial à manutenção da vida, esses fenômenos vêm impondo maciçamente valores absolutos e autodevoradores à civilização, o que requer do analista abraçar com convicção seu lugar na cultura.

A figura da cultura e a descoberta do inconsciente

Cultura. O que significa este termo em Freud?

No ensaio *O futuro de uma ilusão*, o homem que mostrou ao mundo a existência de um saber que não se sabe, o inconsciente, reconheceu ter preferido desprezar a distinção entre os termos cultura e civilização. Excluía-se, dessa maneira, dos debates filosóficos e políticos que vinham sendo travados desde o século XIX em torno de uma oposição entre os dois termos. Sendo, em seu entendimento, a dimensão material da vida social (civilização) e a dimensão espiritual das instituições humanas (cultura) articuladas entre si, Freud designa como cultura humana a interioridade de uma situação individual — manifesta nos impulsos que vêm desde dentro do sujeito — e a exterioridade de um código universal, subjacente aos processos de subjetivação e aos regulamentos das ações do sujeito com o outro. É digno de nota o fato de que Freud passou a usar sistematicamente a palavra *Kultur* a partir do momento em que se deparou com as forças mais enigmáticas da natureza humana — as pulsões de morte — e introduziu na teoria psicanalítica a categoria que designa os desconfortos inerentes a toda e qualquer cultura e civilização — o mal-estar. Desde então, a palavra *Zivilisation* é empregada como um equivalente da definição psicanalítica de cultura. Com base nessa equivalência, os tradutores da versão inglesa e brasileira das *Obras completas*, optaram por traduzir *Kultur* por "civilização" no conhecido e famoso *O mal-estar na civilização*.

Historicamente, a figura da cultura aparece muito cedo na obra de Freud, embora, no campo do enunciado, só se faça presente mais complexamente em seu final. Podemos localizá-la, em especial, no "Projeto de uma psicologia científica", de 1895. Designando como complexo do próximo o jogo que ocorre na emergência do humano, Freud descreve uma cena em que o recém-nascido estabelece o primeiro e rudimentar laço social com o ser próximo (*Nebenmensch*), o primeiro outro que atende seu grito de socorro, satisfazendo sua sede, frio e fome, livrando-o da morte. Mas tudo terminaria por aí, caso esse bebê precisasse do outro apenas como instrumento adequado para reparar uma necessidade fisiológica, como acontece no reino dos animais. Para além da expressividade de uma demanda corporal, o grito é um apelo de sentido à angústia e à impotência do desamparo original (*Hilflosigkeit*) — que o pequeno homem experimenta em sua entrada no mundo.

O bebê é, então, introduzido no reino da linguagem, sem a qual fica fora da cultura: uma primeira interlocução é estabelecida entre ele e o ser próximo que ocupa o lugar do Outro da linguagem (em geral a mãe). Esse ser próximo significa e nomeia sua dor, incentiva-o a julgar e a reconhecer as excitações internas suscitadadas pelas necessidades vitais — matriz insaciável do desprazer que o homem experimenta como objeto estrangeiro nele mesmo —, e a separá-las da fonte de excitações externas que fluem sobre si mesmo, o mundo externo. O termo com o qual Freud designa essa assistência que marca a criança como ser falante é "ajuda estrangeira".

O que é estrangeiro corresponde ao não-familiar, ao desconhecido, àquilo que é apreendido com horror. Entretanto, a psicanálise descortina um paradoxo: para o pequenino ser, o outro é um desconhecido situado numa relação de extrema proximidade. O próximo é, ao mesmo tempo, a) o primeiro objeto de satisfação, fonte da experiência mítica de prazer absoluto que o homem está condenado a tentar reproduzir posteriormente; b) primeiro objeto hostil, presença estranha e ameaçadora que quebra a relação de indiferença que ele entretém com o mundo ao nascer; e c) única potência capaz de prestar socorro, aquele que acolhe e responde afetivamente a seu desconforto, ordenando suas manifestações pulsionais. Objeto ambíguo, porque pólo de fascinação e repulsão, o outro, dentro da perspectiva freudiana, se constitui como "familiar-estrangeiro".

Fertilizada pela libido e pela linguagem e sob o signo do amor e do ódio, a sociabilidade tem início exatamente nesse ponto de captura da estranheza do próximo, nesse momento do nascimento de uma relação de parentesco para além de toda a biologia, em que o outro é, a um só tempo, um semelhante e aquilo que há de mais estranho e estrangeiro dentro de si para o sujeito, o impossível de metabolizar, o resto não passível de ser tomado pelas malhas da cultura. Esse seria um dos pontos cruciais para os futuros processos de subjetivação da criança e do adulto nas trocas com o outro.

Embora a psicanálise contenha o heterogêneo na multidão de leituras que dela se faz, o que chama a atenção, desde sua fundação, é o fato de que a grande maioria de autores que até hoje trouxeram contribuições importantes ao campo teórico reconhece a legitimidade da tese freudiana sobre a prioridade do social na constituição do psiquismo humano. Em especial, destaca-se a contribuição à teorização psicanalítica de Jacques Lacan, sobre a função do simbólico na organização da experiência humana. A partir do conceito freudiano de identificação — expressão primária de uma ligação afetiva com o outro —, Lacan define que, devido à prematuração real de seu nascimento, o bebê antecipa, no plano imaginário, o domínio sobre sua unidade corporal, identificando-se com a imagem do semelhante.

Estádio do espelho é a expressão que designa essa função cativante do reflexo do outro no processo de constituição do Eu. Entretanto, para que o pequeno homem chegue a se apropriar da percepção de sua própria imagem, ele necessita, em primeira instância, do reconhecimento simbólico do Outro. A imagem de si só se dá pela ação do traço psíquico que determina que o sujeito não é apenas filho da carne, mas principalmente do simbólico.

Não caberia aqui prolongar os desdobramentos do tema lacaniano do estádio do espelho. Destaca-se apenas o fato de ser um conceito que ratifica o sentido fundamental do legado freudiano que circunscreve a emergência do humano na dependência do próximo e da linguagem. Neste sentido, o estádio do espelho é um instrumento que permite concentrar o entendimento psicanalítico em três direções: a) na leitura dos processos do eu em termos de identificação; b) nas oscilações e tensões que ocorrem entre o eu e o outro; c) na gênese do processo de identificação imaginária, em ação na constituição das grandes massas políticas modernas, fonte de conflitos trágicos entre vida social e processo narcísico.

Voltando à obra de Freud, é necessário apontar algo surpreendente e paradoxal: a cultura erotiza a criança para, em seguida, frustrá-la com uma série de necessárias interdições educativas cujo objetivo é diminuir a força das pulsões sexuais e, mais tarde, impor repressões à realização das pulsões eróticas e agressivas. A mãe, ou qualquer outro que afetivamente dispensa cuidados ao corpo do bebê, marca os locais de excitação erógena por onde correrá a sexualidade infantil. Mas, na passagem dessa relação dual para o modo como o pequenino ser encontra seus objetos e garante o prazer, obstáculos se apresentam. Um conjunto de proibições é transmitido à criança, que, submersa na busca do impossível prazer absoluto, terá de se esforçar para encontrar, por meio do princípio de prazer submetido à realidade, a satisfação permitida pela cultura. No final das contas, o fiel da balança econômica do psiquismo é fruto de dois processos antagônicos: um que acolhe e promove o desejo e outro que reprime os processos da libido.

Aquilo que determina a inclusão da criança na rede de normas que regem os laços sociais é, segundo Freud, o Supereu, a instância proibitiva que remonta à origem da cultura e compõe, junto com o Isso (sede das pulsões) e o Eu, o aparelho psíquico da segunda tópica. Instância de dupla face, o Supereu regula o desejo e impede a dissolução dos laços sociais e, ao mesmo tempo, é responsável pelo paradoxo da consciência de culpa: quanto maior a renúncia mais ele se torna severo, cruel e sádico, aumentando nosso sentimento de culpa. O Supereu é *transindividual*: constituído menos pelas regras educativas do que pelos ideais inconscientes que as veiculam. Isso significa que as versões inconscientes de proibições ao prazer serão sempre maiores que as do mundo externo.

A idéia de um *conflito* permanente entre as exigências da cultura e as pulsões — a força psíquica que pulsa constantemente nas bordas do corpo, tem um alvo imutável, a satisfação, e cujo objeto não tem nome nem nunca terá, como diria o poeta, porque perdido para sempre — atravessa praticamente toda a obra de Freud. Entretanto, se no início da psicanálise a tese de uma oposição entre pulsões sexuais e as de autoconservação foi suficiente para estimar os efeitos do conflito entre uma moral civilizada rigorista e severa e a sexualidade, com a torção teórica de 1920 (pulsões de vida x pulsões de morte) Freud agregou às suas hipóteses o conceito de Supereu. A partir daí, quando já ciente da impossibilidade de sustentar a crença em uma humanidade feliz e sem sofrimento, o mal-estar não é mais designado como algo contingente à civilização, mas da alçada do próprio ato de civilizar.

Este giro teórico ocorreu a partir do momento em que a psicanálise teve de admitir que o psíquico não está regido apenas pela busca de prazer. Sob essa reviravolta, Lacan nos familiarizou com a idéia de que a clínica havia oferecido ao mestre de Viena as provas da inclusão de um gozo pulsional no cerne do sintoma, isto é, de um desprazer prazeroso ou satisfação insatisfatória na relação do sujeito com o sofrimento impossível de ser abandonado. Freud observou que os problemas cruciais da culpa inconsciente insensata, da renúncia à realização da libido, da resistência à cura do sujeito e do gozo que concerne à coletividade, de fato se mantêm sob o signo da pulsão de morte. Mais do que nunca, perto do final de sua vida e obra Freud exercerá a tarefa de crítico implacável da cultura de seu tempo.

Em resumo: correlata à descoberta do inconsciente, a figura da cultura encontra-se onipresente na obra freudiana, de formas diversas e, embora não seja sinônimo dos termos outro, Lei, Supereu e Outro da linguagem, pode representar cada um deles. Veremos nas próximas seções de que modo, instigado pela experiência clínica, Freud estabeleceu conexões com alguns cenários que o conduziram a inserir o discurso da psicanálise no contexto de uma prática de reflexão crítica sobre a cultura.

Sobre a sublimação

Em meio à aventura que o levou à descoberta do inconsciente, Freud intensificou a relação da psicanálise com os fenômenos mais sublimes da cultura. Determinado a não mais deixar que as investigações psicanalíticas ficassem restritas ao patológico, estendeu-as à solução de problemas da arte, da filosofia e da religião. Nesses campos, ele encontrou modos diversos de conhecimento dos processos da alma e disso soube retirar conseqüências para o desenvolvimento e a transmissão de suas teses sobre o psiquismo. Da religião, colheu significantes que adubaram as bases do que se conhece como teoria psicanalítica da cultura. Na filosofia, embora tivesse por diversas vezes marcado a divergência entre esse campo do saber e a psicanálise, Freud buscou apoio nas idéias de Empédocles, Platão e Schopenhauer para ilustrar, de forma clara e precisa, o caráter intangível da atividade psíquica inconsciente.

Quanto à arte, não sem razão ele declarou que a psicanálise é marcada pela autoridade do poeta, aquele que está, permanentemente, à frente da ciência na percepção dos afetos. Esse foi o principal motivo pelo qual escolheu buscar no patrimônio artístico da humanidade belas e contundentes metáforas para dizer do inconsciente e seus derivados. Na literatura, buscou um modo surpreendente de narrar as histórias clínicas de seus pacientes. No encontro com a arte de escrever, Freud também inovou de maneira criativa a escritura teórica de seu tempo, que estava então submetida às exigências racionalistas da ciência positivista.

De um modo geral, desde sua fundação a psicanálise encontra-se na cultura sempre em movimento, na posição paradoxal de dentro/fora: ela busca seu objeto fora do visível para incluí-lo, rompe as ligações visíveis para fazer com que apareçam ligações reais e dissipa as significações articuladas e completas para que o sentido possa emergir. Assim, a descoberta freudiana operou um processo de mudança que terminou por minar muitos dos ideais da civilização, revelando que não apenas o homem, mas também suas organizações e instituições, é determinado por causas que escapam ao seu próprio controle.

Para melhor exemplificar o que se acaba de expor, tomemos a incursão de Freud no universo da arte. Aqui ele renova, de modo surpreendente, a compreensão da produção artística, ao introduzir em sua análise o que o crítico deixava à margem: o caráter de perturbadora estranheza da obra artística. Na estética freudiana, o *estranho* é a categoria que designa a verdade assustadora do sujeito, que remonta ao que há muito lhe é conhecido e familiar: o *desamparo*. Isso é fantástico: Freud determina que o afeto que produz no artista o ímpeto de criar é o mesmo que leva a criança a entrar no reino da linguagem e na ordem da cultura. Utilizando as categorias psicanalíticas de estranheza e de desamparo para aproximar as duas experiências — da criança e do artista — e sem reduzir uma à outra, ele modifica o próprio modo de pensar o funcionamento e o destino do afeto de angústia no ser humano.

Esse afeto, cujo silêncio ruidoso emerge em situações frágeis da subjetividade, subjaz aos sintomas neuróticos e está na base da formação das instituições sociais. De uma maneira geral, desamparo, estranheza e angústia são noções que norteiam a apreensão psicanalítica dos mais diversos processos do sujeito e da cultura. Essa constatação é capital, pois através dela aprendemos que a psicanálise diminuiu as fronteiras entre os fenômenos normais e patológicos que, até seu advento, estavam rigidamente separados.

Por mares nunca dantes navegados, Freud se distancia dos estetas que concebiam a obra de arte como expressão do belo e da harmonia, para afirmar que a força cultural desse fenômeno encontra-se no registro das pulsões e do desejo. Ou seja, o que ele introduz de novo no universo das artes é o desvelar da íntima relação entre a produção artística e os processos inconscientes. Uma das vias que a civilização impõe ao sujeito para assegurar o controle das pulsões é a *sublimação*. Na criação artística, ele encontra um modo próprio e subjetivo de satisfação, transformando os restos pulsionais, ajudando a minorar os poderes da repressão e inibição sob a cultura, modificando-a. O impacto de determinadas obras plásticas sobre a civilização, com seu eventual valor subversivo, testemunha o vigor dos efeitos da sublimação sobre a vida social.

Mas a sublimação não é, em absoluto, exclusiva do universo das artes. Vale observar que Freud a identificou na base de um número grande de conquistas culturais, todas elas ligadas aos feitos mais importantes do sujeito ou do grupo social, desde os mais simples — como o trabalho do homem para se proteger contra a violência da natureza; as atividades que lhe são úteis para, por exemplo, tornar a terra proveitosa —, até as idéias e recursos mais criativos, sofisticados e superiores. Situando o desejo ao lado do devir, a sublimação incita o sujeito a ultrapassar os valores dramáticos do narcisismo e os mandados do Supereu. Trocando em miúdos, o ato de sublimar tem a qualidade de fortalecer os laços sociais entre os homens, vindicar mudanças e desenvolver grandes criações culturais, tais como a religião, a filosofia, a ciência, a arte e os ideais. Todas essas atividades são mutuamente dependentes e compartilham, ao mesmo tempo, do esforço desenvolvido em duas metas confluentes, a do trabalho como necessidade e a da sexualidade como fonte de prazer. Eros e Ananké — amor e necessidade — comandam, para dizê-lo nos termos utilizados em *O mal-estar na civilização*, a conquista da natureza hostil pela cultura.

Entretanto, Eros também possui, como veremos mais adiante, sua face absolutamente nefasta, principalmente quando a serviço da pobreza psicológica dos grupos. E a psicanálise nos familiarizou com a idéia de que a capacidade de sublimar está diretamente ligada a diferentes graus de organização psíquica. Alguns homens não se contentam com o sublime, observava jocosamente Freud, nas ocasiões em que se deparava com a resistência, inerente a processos criativos e desejantes, capaz de produzir graves sintomas no sujeito. Em contrapartida, ele assinala que as conquistas mais sublimes da humanidade — transfigurações do resto pulsional não-dominado pelo simbólico que sobrevive como traço indestrutível da natureza humana — não podem ser dadas por definitivas. Como a vida, as conquistas da cultura têm o caráter do efêmero e transitório. Mas nem por isso, argumentou Freud em seu belíssimo e pequeno ensaio "A transitoriedade", podem ser consideradas menos belas e desnecessárias.

A esta posição, que conserva seu valor no freudismo, junta-se uma outra não menos importante: pela própria natureza das pulsões, a felicidade é virtualmente impossível. Mas, se o "programa do princípio de prazer nos impõe ser feliz e não poupar esforços para sua realização", então o se sentir feliz vai depender, exclusivamente, da economia libidinal de cada sujeito. Isto é, "da quantidade de satisfação real que ele possa obter do mundo externo, na medida em que se torna independente dele, e da força de que dispõe para adaptá-lo a seus desejos".

Mito, ciência e cientificismo

Alguns anos depois de inaugurar a psicanálise com a cena do individual, em *A interpretação dos sonhos*, Freud constrói, em *Totem e tabu*, a cena que estrutura o coletivo, estabelecendo um elo entre as duas: o recalque, o conceito que responde pela existência do inconsciente. Sua grande curiosidade pelos acontecimentos marginais, rejeitados pela lógica do conhecimento de seu tempo, como por exemplo os sonhos, o conduziu à escrita da primeira obra. Nela, ele se indaga sobre o desejo e suas representações. Já o seu interesse pelas instituições mais importantes de nossa civilização, organização política, moral, religião, como também a proibição do incesto, desembocou na criação e escrita de uma narrativa sobre o nascimento do simbólico, à qual conferiu o estatuto de mito científico e chamou de mito da horda primitiva.

O espírito crítico de Freud adiantou-se aos estudos mais modernos sobre os mitos e sua função na cultura como narrativa de uma criação que, produzida num passado remoto, se perpetua em algo de uma realidade atual. Histórias dramáticas que autorizam os costumes, os ritos e crenças, ou aprovam suas alterações, os mitos estão entre a dominação e o conhecimento da natureza, e isso lhes confere uma eficácia simbólica. De uma maneira geral, Freud rompeu com a avaliação negativa da razão sobre o mito ao designá-lo como uma narrativa, de alto valor social e individual, cuja função é expressar uma verdade sobre as origens e a arquitetura do espírito humano. Assim, a entrada das construções míticas no campo psicanalítico está para além de uma simples busca de ilustrações: é também um modelo de expressão do pensamento científico.

Homem do Iluminismo, sobretudo quando o curso da civilização permitia acreditar na razão científica como força do progresso civilizatório, Freud tinha o desejo de inserir a psicanálise no campo da ciência: sua disciplina jamais poderia ser construída como os sistemas da filosofia que, fundados na lógica da consciência, procuram, através de conceitos básicos definidos com precisão, "compreender todo o universo, após o que não restaria lugar para novas descobertas e melhores conhecimentos". A psicanálise se prende mais aos fatos de seu campo de trabalho, procura resolver os problemas imediatos da observação, avança tateando na experiência, mantém-se inacabada e deve de estar sempre pronta a deslocar os acentos de suas teorias ou a modificá-las. Nesse sentido, seu fundador equiparou-a à física e à química, ciências que admitem conceitos pouco claros e postulados provisórios, sujeitos a mudanças e definições mais precisas graças ao trabalho interminável do cientista.

Quando se pensa numa diferença entre o movimento da ciência e sua absorção pela civilização, é possível localizar no pensamento freudiano a definição de ciência como toda descoberta oriunda de uma experiência de encontro com a alteridade. Freud manifestava uma grande hostilidade à pretensão cientificista de seu tempo de fornecer respostas absolutas e unívocas sobre o real. Por conta disso, atreveu-se, como os poetas e novelistas, a "tomar partido da antiguidade e da superstição popular, contra o ostracismo da ciência". Com a arte de interpretar as associações livres do paciente, introduziu uma nova escala de valores no pensamento científico, e criou um modelo de cientificidade absolutamente original, voltado à escuta do incoerente, do não-idêntico, e à inquietante estranheza que habita no homem, para além de sua memória.

Dessa forma, o mestre de Viena foi cavando para sua descoberta um lugar singular na cultura, que é o de fazer resistência a toda e qualquer visão de mundo capaz de impedir o sujeito — individual ou coletivo — de se expressar, singularmente sobre o universal do amor, do ódio, da vida e da morte. Pelo fato de se constituir como um saber sobre o inconsciente e, ao mesmo tempo, ser um saber inconsciente, a psicanálise, enquanto prática de alteridade, tornou-se crítica implacável dos discursos dogmáticos que, negando o direito à subjetividade, desprezam o particular, a estranheza do outro, e favorecem os processos de uniformização dos sujeitos.

Com isso, voltamos ao mito da horda primitiva, também conhecido como mito do assassinato do pai. Observa-se que esta narrativa mítica obedece ao espírito moderno das Luzes — fazer avançar a ciência, encontrar o novo e adquirir maior controle sobre o obscurantismo — sem perder a reverência por um modelo antigo de expressão do pensamento. Mesmo tendo sido nutrido pela Ilustração do século XIX, Freud traz a ficção para dentro da ciência, deixando o mundo perplexo diante de tanta ousadia. O que fica incompreensível — para aqueles que o acusam de racionalista ou, ao contrário, de especulador extravagante cujas idéias carecem de bases científicas e históricas — é que, despido de qualquer pudor cientificista, Freud considerava perfeitamente compatível juntar no mesmo espaço mito e razão, fantasia e realidade, antigo e moderno. E essa largueza de espírito lhe valeu a criatividade e liberdade de expressão que, merecida e reconhecidamente, alcançou.

E para finalizar esta seção, nada melhor do que suas palavras endereçadas a Einstein, em 1933, onde se observa claramente o apreço que tinha pela aliança entre mito e logos: "Talvez ao senhor possa parecer serem nossas teorias uma espécie de mitologia e, no presente caso, mitologia nada agradável. Todas as ciências, porém, não chegaram afinal a uma espécie de mitologia, como esta? Não se pode dizer o mesmo, atualmente, a respeito de sua física?"

Gênese da cultura: o mito da horda primitiva

Desde as cartas que enviou ao amigo e colega W. Fliess, sob o peso das idéias que trouxeram ao mundo a psicanálise, Freud já identificava a fantasia e o mito como construções do homem frente ao real. Entretanto, tiveram que se passar alguns anos para que uma ligação conceitual entre ambas fosse estabelecida. Espécie de véu particular do sujeito, a fantasia, assim como o mito, permite ao homem avançar, pois elabora respostas possíveis à inquietante estranheza diante do desconhecido.

Ao identificar em *Édipo-Rei* os dois crimes máximos contra a civilização, incesto e parricídio, Freud encontra na tragédia de Sófocles — peça que remete ela própria a um outro mito mais antigo — a expressão mais próxima das fantasias incestuosas e assassinas, que reconheceu em si próprio e em seus pacientes na Viena *fin-de-siècle*. A cena analítica encontrou apoio inconteste na cena cosmológica do mito grego e, a partir dessa homologia, o mito de Édipo entra para a psicanálise como exemplo conclusivo e figura conceitual privilegiada das bases de um complexo que designa o conjunto de fantasias e representações inconscientes da vida do sujeito: o complexo de Édipo.

Mas na medida em que a tragédia grega narra alguma coisa que perpassa o tempo no encadeamento das gerações, e o complexo formaliza teoricamente o desejo e a proibição do incesto e do parricídio como faces da mesma moeda, Freud recorre à construção de um mito: totem e tabu. Essa narrativa assegura às suas descobertas a condição de universalidade, naquilo que acompanha as diversidades da cultura e dos tempos históricos, sem colocar em risco o cerne da experiência clínica: a escuta do singular. Do ponto de vista formal, fixando com o mito um ponto de origem do desejo e de suas representações, Freud evitou fazer os personagens de Sófocles passarem à condição de neuróticos modernos e vice-versa. Fantasia e mito são formas de expressão permanentes do desejo em sua articulação com a Lei, motor dos processos subjetivos e culturais. Do ponto de vista teórico, a narrativa mítica resultou de uma série de inferências lógicas feitas sobre o material clínico e do apoio que Freud buscou nas bases da teoria evolucionista de Charles Darwin; na concepção do totemismo, descrita por George Frazer; na tese do banquete totêmico e da substituição da horda pelo clã, de William Robertson Smith; na idéia do fim do sistema patriarcal pela revolta dos filhos, de James Jasper Atkinson; e nas considerações sobre o horror ao incesto de Edward Westemarck. Passemos então à exposição do mito construído a partir dessa pluralidade de vozes.

Num princípio, quando homens pré-históricos vagavam pelo mundo, existia um pai tirânico e cruel, que pelo uso da força expulsou os filhos de seu hábitat, tomando para si a posse absoluta de todas as mulheres. Afetados pelo ódio, esses filhos se rebelam contra seu excesso, retornam à horda primitiva e, num ato de violência coletiva, matam aquele chefe selvagem. Em seguida, devoram o cadáver numa tentativa de incorporação da potência do objeto que haviam assassinado. Assim, ao lado de tão intenso ódio, nasceu o amor por aquele que, certamente, em se tratando do mais forte do bando, poderia proteger a todos. Essa ambivalência de sentimentos acabou gerando intensos remorsos, um sentimento de culpa avassalador nos filhos assassinos que, negando o parricídio — pela operação do recalque (o que deve permanecer esquecido) —, dão partida a uma nova ordem social.

Desse momento em diante, ficou terminantemente proibido a qualquer um dos filhos ocupar o lugar do pai da pré-história. Aquele que por ventura ousasse transgredir essa lei era imediatamente morto. A complexidade desse lugar vacante em torno do qual foi estruturada a fratria mítica, o laço social construído para impedir o retorno do estado de isolamento, submissão e despotismo em que viviam na horda, traduz a importância da alteridade como condição do fundamento dos laços sociais.

O mais surpreendente na narrativa freudiana é o destino do ato de violência, o parricídio, na economia psíquica dos filhos. Depois da proibição que se impuseram de encarnar o poder arbitrário, ganhar a liberdade sem limites e o gozo ilimitado das mulheres, instauram o totem como um primeiro representante simbólico do morto — trata-se do animal totêmico que era, uma vez por ano, sacrificado e comido. No plano mítico, para aliviar o peso da consciência da responsabilidade e a dor do remorso pelo ato cometido, os irmãos, além de se obrigarem a solidificar os vínculos entre si pela força do amor que diminui a rivalidade, intensificam o respeito à "vontade paterna", agora transformada em lei. Mais tarde, tomados por um forte sentimento de desamparo diante das primeiras experiências angustiantes, nostálgicos do pai todo-poderoso que amavam e odiavam, os irmãos religam-se a ele de modo idealizado e instauram o sentimento religioso. Reverenciar a figura onipotente do pai através de seu representante — o totem — trouxe intensos ganhos imaginários de proteção, abrigo e alívio à culpa. Por outro lado, recordar aquela figura odiada e morta significava "adquirir a convicção de que jamais [o teriam] novamente em presença".

A ficção freudiana sobre essa primeira organização grupal advinda do assassinato de um pai não-castrado exprime a idéia de que a morte e seu reconhecimento encontram-se na "origem" da moral, da religião e das organizações sociais. De fato, Freud encontra no plano da história da cultura, nas manifestações culturais e éticas do totemismo (primeira forma religiosa da humanidade), um exemplo conclusivo desse momento mítico inaugural da civilização: a proibição da escolha incestuosa de objeto, isto é, renunciar à mãe e às irmãs do mesmo clã, e a interdição de matar o totem, apresentação do pai morto alçada ao lugar de sagrado, representam a marca indelével do parricídio no psiquismo humano.

Se tabu significa excesso de proibição, é porque trata-se de um sinal de excesso do desejo. Diante desta premissa, Freud dá um primeiro passo: a lei social de proibição do incesto não surgiu naturalmente ou por conta de uma vontade coletiva, mas é efeito do ato de coibir a satisfação irrestrita de apetites sexuais e assassínios do homem. O segundo passo foi o de postular a natureza solidária entre lei e desejo. A psicanálise demonstra, assim, que recalcar o desejo de incesto e do assassinato é a base do direito do indivíduo à filiação simbólica, que o inscreve na rede das genealogias por meio do nome e o insere no sistema de trocas com o semelhante.

Resumindo, o cenário do mito freudiano mapeia com bastante nitidez os pressupostos psicanalíticos sobre as bases e condições da cultura e civilização do passado, do presente e do futuro: 1) supressão de qualquer figura de poder excessivo e onipotente, detentora do gozo absoluto do incesto e da morte; 2) obediência às leis que asseguram a linguagem — causa e efeito da cultura — e o laço social estabelecido em torno do vazio e, conseqüentemente, referido essencialmente à alteridade.

O exato valor conceitual do mito freudiano foi o de ter estabelecido a noção psicanalítica do pai como vetor de passagem do homem da natureza à cultura. O pai freudiano assegura as condições de reprodução da espécie falante, quer dizer, a produção, no ser biológico, da subjetividade de uma geração à outra. Os achados de Lacan sobre a linguagem e os aportes que trouxe à metapsicologia fizeram clarear o que a palavra pai significa no campo da psicanálise. *Metáfora paterna* é o termo que cunhou para designar o conjunto das funções do pai, na história do sujeito e da cultura, todas elas ligadas ao que Freud denominou de complexo de castração: fazer valer a proibição do incesto e do assassinato; ser portador da lei significante que submete os homens à linguagem e aos processos de simbolização na cultura.

Freud jamais escondeu a sua predileção por *Totem e tabu* e recusou toda e qualquer possibilidade de relativização do assassinato e do canibalismo como atos de fundação do simbólico e da cultura. Além de fundamental ao trabalho clínico e às elaborações metapsicológicas, o mito é um instrumento privilegiado de reflexão crítica sobre a dimensão inconsciente — sexualidade e morte — dos fenômenos coletivos. Particularmente, as ciências humanas, a antropologia, a lingüística, a sociologia e a psicologia, assim como a psiquiatria e a medicina em geral, não podem deixar de levar em conta o inconsciente, neste sentido as contribuições do mito lhes são absolutamente relevantes. Porém, é sempre preciso ter muito cuidado para preservar o rigor dos conceitos no campo em que foi criado. Caso contrário corre-se o perigo de transformar a psicanálise numa mera visão de mundo carregada de ideologia, coisa a que seu criador tinha verdadeiro horror.

Os paradoxos da religião

Com *Totem e tabu*, ficou estabelecida de forma precisa e definitiva a relação entre a psicanálise e as ciências sociais. Foi também a partir desse texto que o tema da religião tornou-se cada vez mais presente na obra de Freud, o que justifica seu papel de elemento central de suas reflexões críticas sobre a cultura. Como muitas outras elaborações feitas sobre as soluções da alma para os desafios da vida e da morte, Freud não construiu um sistema teórico completo e fechado sobre essa manifestação humana. Sabemos que ele ignorava as contradições excludentes e as distinções rigorosas da lógica aristotélica, os "nãos" e os "ous", e fazia valer, na construção da teoria psicanalítica, a sonoridade da conjunção "e" em toda a sua plenitude. Próximo da linguagem dos sonhos, bem como da modalidade de expressão que se encontra nas línguas primitivas, seu pensamento apresenta-se como uma sucessão de idéias que acaba por abrigar, na própria malha daquilo que tece, a coincidência de opostos. Daí por que encontramos, de uma maneira geral, na obra freudiana, muitas aporias, problemas lógicos, contradições e paradoxos nascidos da existência de raciocínios e formulações igualmente coerentes e plausíveis.

Quais os paradoxos da crítica freudiana à religião?

Num primeiro tempo de sua obra, 1908, ao estabelecer uma analogia entre ao atos obsessivos e as manifestações religiosas, Freud qualifica a religião como uma neurose obsessiva universal. A coletividade, como o neurótico que renuncia a determinadas satisfações pulsionais, constrói seus sintomas em decorrência dos mesmos conflitos. Cinco anos depois, à luz do mito da horda primitiva, a psicanálise revelou que as religiões, que se seguem ao totemismo, estão fundadas na devoção ao pai assassinado, elevado à categoria de Deus. Elas se alimentam da ilusão (no sentido freudiano do termo: expressão que deriva do desejo) da proteção do Pai. Mais tarde, 1927, em *O futuro de uma ilusão* — obra inteiramente voltada ao estudo da religião —, uma nova formulação é enunciada: "A religião é a neurose infantil da humanidade." Esta comparação inicia um período teórico extremamente fecundo à psicanálise, no qual destaca-se o diálogo mantido entre Freud e o escritor Roman Rolland, em 1930.

Colocando-se, por princípio, contrário à idéia do escritor francês de que a verdadeira fonte de religiosidade seria o "sentimento oceânico" — sensação de "eternidade" e de algo ilimitado, sem fronteiras —, Freud retorna às elaborações de 1895, no "Projeto", sobre a gênese do sujeito. Expondo, então, sua última posição sobre o desenvolvimento humano, admite que o "oceânico" apenas corresponderia ao momento mítico em que o recém-nascido vivencia, sem se distinguir do mundo externo, experiências precoces de satisfação e de gozo ilimitado.

Entretanto, esse estado de beatitude narcísica do eu identificado com o puro prazer é interrompido pela própria vida. Esta obriga a criança a estabelecer diferenças entre seu eu e o mundo e a vivenciar experiências de subjetivação. O processo de humanização impõe a entrada no mundo do limite, quando as figuras da castração e da morte impedem o retorno ao ilimitado — ser um só com o grande Todo. Nasce o eu-realidade. Trata-se de um novo tempo, inaugurado pela vivência da perda do primeiro objeto de satisfação, o seio. Essa experiência de castração reativa a situação de desamparo vivida ao nascer e, conseqüentemente, desperta o desejo de retorno ao estado de ilimitabilidade e sem fronteiras, "oceânico". Nesse momento, o único recurso do sujeito é gritar por socorro ao Outro primordial, na esperança de que seja restabelecida a unidade mítica perdida. Mesmo tendo abdicado do eu-originário, de seu narcisismo primário, o homem não deixa de reivindicá-lo.

Não foi difícil para Freud articular essa passagem do devir do sujeito às linhas básicas de seu mito sobre a origem da cultura e da religião. Para a psicanálise, o que se encontra em jogo na origem do sentimento religioso é um estado de dependência e saudade absoluta do pai onipotente assassinado. Colocando a problemática das religiões no centro do irremediável mal-estar na civilização, o criador da psicanálise reconhece nelas uma fonte de promessas ilusórias à situação de desamparo originário que marca a subjetividade humana. Apelar ao Pai significa pedir proteção "contra a castração e a morte em um mundo onde a castração e a morte já estão consumadas". E a religião responde aos gritos de socorro, impondo, uniformemente, a todos, seus sistemas de doutrinas.

Ao amigo Roman Rolland, Freud responde que a verdadeira origem da atitude religiosa é a nostalgia da proteção do Pai, e não as saudades infinitas e a memória obscura da fusão com o Todo.

Existem também outros expedientes contra o mal-estar, homólogos à religião. Por exemplo, as substâncias tóxicas que nos tornam insensíveis ao sofrimento, decepções e tarefas impossíveis da vida. Neste sentido, Freud se aproxima do adágio marxista de que a "religião é o ópio do povo". À custa da alienação do sujeito, a idéia religiosa deflagra o mesmo efeito do ópio: o da ilusão produzida pela lógica do desejo. Ler as manifestações religiosas como sendo, em geral, soluções sociais às mesmas questões que levam o neurótico a produzir um sintoma foi, sem dúvida, uma das maiores contribuições da psicanálise ao estudo da religião.

Entretanto, o objetivo maior de Freud não foi depreciar a crença religiosa, à qual jamais aderiu, mas combater o *discurso religioso* que "consiste em rebaixar o valor da vida e em deformar de modo delirante a imagem do mundo real, tarefas que têm como postulado a intimidação da inteligência". A psicanálise nos ensina que as instituições religiosas, em sua grande maioria, valem-se da fragilidade do homem diante de seu próprio desamparo para fortalecer suas bases políticas. Unificam os fiéis em torno de uma verdade única, desprezam toda e qualquer expressão subjetiva e impedem o equilíbrio necessário entre o desejo do sujeito e as reivindicações do grupo social. Nisso reside o perigo do abandono de qualquer experiência religiosa significativa, em favor dos sistemas organizados que ressuscitam e corporificam, de uma maneira ou de outra, a figura do pai morto. Os movimentos fundamentalistas atuais das três religiões monoteístas são exemplos inequívocos desse processo que perpetua a violência em nome de Deus através dos tempos.

A bem da verdade, depois de centrar as baterias contra os processos de homogeneização das subjetividades a que as instituições religiosas submetem seus crentes, Freud batiza a psicanálise no culto ao logos — o princípio da ordem, mediador entre o mundo sensível e inteligível — e afirma que todo e qualquer discurso orientado por uma única verdade deve ser considerado um discurso religioso. A estratégia que encontrou para garantir a sua disciplina uma arma de combate contra a inextinguível vocação humana ao obscurantismo e à idealização que atravessam os séculos foi a de dar voz à palavra, fazê-la emergir de onde jamais haverá um sentido último.

Mas, apesar de todas essas críticas e de seu conhecido e declarado ateísmo, Freud não se tornou um secularista ingênuo que acreditava no fim da religião como solução aos males do mundo. Tampouco deixou de reconhecer a importância dessa formação social como uma sublimação ideal da humanidade na conquista ética e nos fundamentos da alteridade dos mais diversos povos. A idéia freudiana do apelo ao Pai frente ao desamparo revela também uma outra face, para além de agente de repressão, nociva às pulsões ou joguete dos interesses das instituições sociais. Não é portanto casual que ele também tenha reconhecido na função religiosa algo mais além da ilusões: "Em *O futuro de uma ilusão* formulei um juízo fundamentalmente negativo sobre a religião. Mais tarde encontrei uma fórmula que lhe fazia melhor justiça: seu poder descansa sobre seu conteúdo de verdade, sendo que esta verdade não é material, mas histórica."

A defesa dessa tese ocorrerá em *Moisés e o monoteísmo*, onde faz uma separação entre, por um lado, a invenção da idéia de Deus e sua função no *socius*, e, por outro, o fenômeno religioso ligado à política das instituições. Ao introduzir a noção de *verdade histórica*, designando-a como uma multiplicidade de traços e de inscrições que se reatualizam incessante e diferencialmente, o significante Deus ganha, na teoria analítica, um novo estatuto aquém e além do religioso. Por isso mesmo, foi preciso que Freud fizesse da figura maior do Antigo Testamento um estrangeiro: a religião de Moisés, o egípcio, o estrangeiro que funda o povo judeu, revela a idéia de um Deus pura ausência e que remete os homens ao eco de suas próprias vozes. Neste sentido, a religião se faz experiência de linguagem, em que as palavras e as coisas não mais se confundem.

Lendo a guerra, a destruição e a morte

Mesmo tendo reconhecido que o método psicanalítico jamais poderia ser aplicado ao coletivo, na medida em que nenhum analista é capaz de submeter o povo e a massa à transferência analítica, Freud confessa, em "Um estudo autobiográfico", que a partir de 1923 tinha abandonado a psicanálise propriamente dita, para consagrar a essência de seus interesses intelectuais e forças criadoras aos processos de construção e destruição da cultura. Fazem parte desse projeto um determinado grupo de textos das *Obras comple-*

tas nos quais as problemáticas da agressão, da destruição e da morte foram, aos poucos, agregadas às teses básicas do papel da sexualidade na formação do sujeito e das organizações sociais. Por conta da própria riqueza de conteúdos da escrita de Freud, todos esses escritos contêm níveis diversos de significações. O recorte que se segue concerne à ambição freudiana de rastrear as "origens" ou "natureza" do mal-estar em qualquer tipo de civilização e cultura, exclusivamente à luz de suas descobertas.

Três são as fontes do desconforto humano, segundo Freud: a força superior da natureza, a decrepitude de nosso próprio corpo e a facticidade das normas reguladoras das relações entre os homens. Porém entre elas existe uma distinção importante: em contraste com as duas primeiras, sofrimentos naturais da vida, a terceira fonte de desconforto, a que mais nos inquieta, é criada pelo próprio homem. Se as doenças, a velhice e as catástrofes da natureza induzem o homem a mitigar o sofrimento e a desenvolver a atividade de pensar e refletir, no campo das leis que regulam o convívio com o outro, nas instituições e organizações sociais, as coisas se passam no sentido inverso. Nesse terreno, os ganhos da cultura, da razão e do intelecto são de quando em quando solapados de forma mórbida, cruel e impiedosa pela ação de uma pequena parcela de natureza indomável da própria constituição do psiquismo.

Que parcela é essa? De que modo ela é ativada no conflito entre laços sociais e processos narcísicos?

Sob o impacto da Primeira Guerra Mundial, Freud, acometido por um forte sentimento de perplexidade e desilusão diante da desrazão que aflorava no coração da civilização européia, indagava-se atônito: Por que todas as conquistas intelectuais e científicas da cultura moderna não são suficientes para diminuir a violência e a destruição entre os homens? Com um tom de profunda descrença no poder de liderança das nações mais avançadas técnica e cientificamente, e profundamente decepcionado com intelectuais e cientistas que, então, demonstravam uma clara afinidade com o infernal, Freud transpõe para o papel, sob o título "De guerra e morte. Temas da atualidade", suas primeiras elaborações sobre a violência e a categoria do Mal na ordem dos fenômenos coletivos. Em seguida, articulou esses dois eixos temáticos à atitude do sujeito do inconsciente para com a morte, criando, assim, condições para pensá-los exclusivamente a partir do que observava como analista.

Seu objetivo não era propriamente o de explicar a guerra a partir da psicanálise, mas, ao revés, tomar a destruição e a violência como realidades do psiquismo, e disso retirar conseqüências teóricas para a psicanálise. Mesmo expressando repulsa pela pobreza ética e moral na qual a Europa civilizada estava mergulhada, Freud tinha consciência de que precisava ultrapassar o impacto da desilusão para pensar as questões que aquela guerra revelava ao projeto idealista da noção de desenvolvimento civilizatório. Na realidade, se ele próprio advogava o fato de que, no homem, amor e ódio intensos convivem conflitantes (ambivalência de sentimentos), e que as pulsões são aquilo que são — nem boas nem más, dependendo do destino que seguem na história do sujeito e da civilização —, tinha de reconhecer que o mal, a destruição e a desumanização dos laços sociais não são apenas momentos efêmeros, fadados à superação no futuro. Muito ao contrário, são acontecimentos inexoráveis que incorporam um elemento radicalmente histórico e social da humanidade.

No plano coletivo, a guerra é a expressão privilegiada da destruição do pacto social, da destrutividade que retorna ao seio de qualquer cultura e civilização. Expressão que, no dizer de Freud, leva "nossos filhos [a] aprenderem na escola que a história do mundo é essencialmente uma série de assassinatos de povos", a manifestação real de práticas pulsionais arcaicas que perpetuam a horda selvagem e os tempos de barbárie.

Moral da história: "Impossível erradicar o Mal." Mesmo porque alguns impulsos considerados como maus são de natureza primitiva. Por exemplo: não existe sujeito sem uma boa dose de agressividade — o que é diferente das manifestações que ocorrem no registro da agressividade não-erotizada como o incesto, o assassinato e a guerra. Na impossibilidade de simbolizar plenamente a natureza enigmática da violência, o homem contemporâneo e o selvagem das cavernas podem ser igualmente bárbaros, cruéis e malignos. Desse modo, o discurso freudiano desconstruiu a idéia de uma "superioridade" da civilização moderna sobre as mais primitivas. Essa subversão significou a defesa da tese de uma certa unidade da espécie: não há diferença diacrônica entre civilizados e selvagens. Para a psicanálise, qualquer hierarquia entre civilizações alcança apenas um valor fenomenológico; fundamentalmente, carece de pertinência científica.

Ao se dar conta de que todos os empenhos culturais da história da humanidade foram insuficientes para drenar essa inclinação inevitável do sujeito à destruição, Freud, à luz do conceito que batizou com três nomes — pulsão de morte, pulsão agressiva e pulsão de destruição —, decidiu aprofundar suas reflexões sobre "a inclinação inata do ser humano ao 'mal', à agressão, à destruição e, com elas, também à crueldade". O que nos disse ele sobre essa pulsão? Que ela trabalha diabolicamente em silêncio, em nosso interior, buscando o retorno ao estado inanimado. Fusionada à pulsão de vida, dissolve organizações e transgride os ditos para dar lugar às novas e ruidosas manifestações das pulsões sexuais (substrato principal das pulsões de vida).

O equilíbrio entre a pulsão de vida e a pulsão de morte é absolutamente imprescindível ao sujeito e à civilização. Porque, no caso de a fusão vir a se desfazer, a pulsão de morte configura-se como destruição em estado puro. Quando dirigida ao exterior do sujeito para prestar serviços à lógica do aniquilamento do outro, o que é a base de todas as guerras e do assassinato, a pulsão de destruição dissolve e destrói, ruidosamente, tudo o que a vida e a cultura constroem. Isto é o que aprendemos em *O mal-estar na civilização*, principalmente na pequena passagem em que Freud faz uma séria crítica aos nacionalismos e ao anti-semitismo.

Na verdade, um dos grandes temas desse texto é o da vocação da humanidade para "satisfazer no outro a agressão, explorar sua força de trabalho sem ressarci-lo, usá-lo sexualmente sem o seu consentimento, tirar-lhe a posse de seu patrimônio, humilhá-lo, infligir-lhe dores, martirizá-lo e assassiná-lo". "O homem é o lobo do homem." Freud se serve da máxima de Plauto para transmitir a idéia de que, no cerne do desejo, a morte é instrumento e causa de gozo da criatura humana. O fato de a cultura, a educação e a formação (*Bildung*) forçarem um certo deslocamento das metas pulsionais destrutivas, sob a influência das pulsões de vida, não invalida essa tese. Todos esses expedientes não são de todo suficientes para eliminar o resto de agressividade não-erotizada que se expressa, em estado puro, entre os homens. É disso que se trata a parcela inconquistável que habita o fundo da natureza humana.

Desde a trágica dimensão da guerra de 1914, Freud percebera o pior: aquele conflito entre Estados modernos não era apenas tão cruel e implacável quanto os que o precederam, mas o mais destrutivo. Os desenvolvimentos tecnológicos, traduzidos no aumento da capacidade de comunicação, produção bélica e desenvolvimento tecnocientífico, tornaram-se os mais eficazes e devastadores de todos os períodos históricos. Um primeiro paradoxo: *o perigo mora ao lado do progresso*. A devastação das guerras modernas não é diretamente proporcional à conduta selvagem do sujeito contra seu inimigo, mas um efeito do saber que o próprio homem produz. Ciência e tecnologia o protegem das forças da natureza, trazem bem-estar e mudanças consideráveis à civilização; mas, por outro lado, concedem poderes desmesurados aos "lobos". No dizer de Freud, a modernidade dominou de tal modo a natureza que o homem tornou-se uma espécie de "deus de prótese". Contudo, ainda que abastado de invenções mortíferas, com as quais realiza as mais remotas pulsões destrutivas da espécie, o "homem atual não se sente feliz na sua semelhança a Deus".

Mesmo nutrindo pela técnica forte entusiasmo, como o que guardava pela ciência, ele não se ilude: a apropriação perversa do saber tecnocientífico traz conseqüências nefastas para o destino da humanidade. As nações mais civilizadas tornam-se igualmente bárbaras com o retorno de uma figura de excesso que provoca, de imediato, o declínio da função paterna. Como muitos outros pensadores, Freud também identifica o Estado como o exemplo maior dessa figura que, de acordo com a teoria psicanalítica da origem da civilização, encarna o retorno da onipotência do pai primitivo. O poder soberano do Estado toma para si as mais formidáveis conquistas científicas e técnicas, e, travestido da máscara do amor, facilita todos os atos de violência contra os inimigos e a desumanização do outro, ao permitir que a destrutividade se expanda plenamente. Proíbe ao indivíduo praticar o mal, não porque deseja extingui-lo, mas para obter um poder ilimitado sobre todos. Baseado na lógica do tempo da horda, Freud demonstra que o Estado, promovendo ações violentas que, sob sua vigência, não se configuram como tal, faz da exceção sua regra: acima da Lei, encontra-se livre para suprimir as paixões e perpetrar atos de destruição, exclusão e crueldade, incompatíveis e contrários às premissas de civilidade.

Historicamente, a Primeira Guerra foi um sinal alarmante de que as grandes conquistas no plano social e político, das mais diversas culturas do século XX, vinham sendo solapadas por uma nova ordem de acontecimentos. Promulgar leis contra os estrangeiros, visando sua hegemonia por meio de uma racionalização ideológica, viabilizou o retorno do obscurantismo ao seio da sociedade moderna. Ressurgiram, a toque de caixa, a virulência do ódio e da intolerância e a permissividade do gozo interdito. Hoje, quando sabemos que aquela guerra encabeçou uma fileira de outras que terminaram por fazer do século passado o mais assassino de todos os tempos, não se pode deixar de considerar que Freud, com o dom daqueles que captam imagens e significados que transcendem o presente, previu a escalada de selvageria que invadiu seu tempo e que continua se alastrando neste início de século.

A guerra é a experiência que mais faz o homem se confrontar com o limite da morte. Por conta disso, Freud dirigiu seu interesse no sentido de perscrutar a destruição e a violência, a partir do modo como as civilizações foram, ao longo dos séculos, desenvolvendo atitudes convencionais e culturais para com a morte. Tendo como referência a vivência da Primeira Guerra Mundial, ele procura identificar os efeitos do desmoronamento do "Não matarás", em tempos históricos diferentes. Segundo ele próprio, esse Mandamento seria a mais importante das proibições feitas pela consciência, já que protege a vida insubstituível e garante os limites necessários ao convívio civilizacional. É então que, novamente, Freud, se dá conta de um outro paradoxo: as sociedades primitivas são mais éticas e civilizadas que as modernas. Por quê? Ao promover a dessacralização da morte, as sociedades contemporâneas descartam mais facilmente a vida e acentuam, progressivamente, a capacidade humana de destruição. Enfim, na modernidade os combates tornam-se cada vez mais cruéis e devastadores, devido à alta produção bélica, ao desenvolvimento tecnológico e à invenção de um dispositivo que recoloca em marcha um tempo desconhecedor dos limites da morte.

Ainda que no inconsciente não haja representação da morte — o que dificulta dar à guerra o lugar na realidade que lhe é devido —, e o homem seja inclinado ao assassinato e ambivalente para com aqueles que ama, a experiência da perda exige o trabalho de luto do objeto. Mesmo quando este é um inimigo ao qual endereçamos nosso ódio. O reconhecimento da morte de outrem faz com que o sujeito perceba sua própria finitude. Freud chama atenção para o fato de que, na situação limite de guerra, enquanto o guerreiro primitivo responsabilizava-se pela morte que infligia ao inimigo, realizando o luto, através de um conjunto de práticas cerimoniais e tabus que o fazia expiar a culpa pelo homicídio, nas sociedades ditas modernas vigora o desrespeito, no sentido mais amplo do termo, pela morte. A antiga presença sagrada da morte cedeu lugar à um certo "ateísmo" que incita o homem a desfazer todas as tentativas de simbolizá-la. Prova disso são os povos mais primitivos que hoje, perdidos pelos quatro cantos do mundo, guardam uma veia de sensibilidade ética que conduz à responsabilidade pelo outro.

Mapeando todos os expedientes do homem moderno frente à morte, Freud mostra, com a acuidade interpretativa especial, que, além de despojar a humanidade dos acréscimos culturais ulteriores à horda primitiva, a desmesurada extensão e penetração ideológica da Primeira Guerra fortaleceu paradigmas impostos pelo poder do Estado moderno: fazer o sujeito não acreditar em sua própria morte, desprezar a morte daqueles a quem ama e estigmatizar o estrangeiro como inimigo. Essas conclusões se revelam premonitórias quando, hoje, sabemos que esses mesmos paradigmas fizeram parte da estratégia ideológica do Terceiro Reich de tornar a morte banal e, com isso, facilitar os caminhos para o arbítrio que confeccionou seu discurso unívoco e surdo.

Modernidade e violência: narcisismo das pequenas diferenças

No início da década de 1920, Viena estava sendo tomada pelo nazifascismo. Freud, conforme confessou certa vez à princesa Marie Bonaparte, identificou nesse fenômeno de massa o retorno de uma política obscurantista, tendente à união da maioria e à exclusão da alteridade. Foi nesse tempo histórico que, dando continuidade às questões levantadas durante a Primeira Guerra Mundial, ele sistematizou e aprofundou a incursão da psicanálise no campo da política. Ainda que raramente esse termo apareça designado como tal em sua obra, "Psicologia das massas e análise do eu", *O mal-estar na civilização*, e *Moisés e o monoteísmo* – este escrito sob a vigência do regime nazista, durante seu êxodo forçado de Viena e quando já estava em Londres — são textos que testemunham as inquietações do criador da psicanálise para com a política do ódio que então se perfilava no leste da Europa.

Inaugurando essa trilogia, o primeiro texto acentua o inconsciente como dimensão da cultura. Freud examina, simultaneamente, as relações do eu e da massa moderna com o outro. Como o eu, a multidão tem dois objetivos: controlar as excitações externas dominando as forças da natureza e regular as tensões internas de seus membros. Os homens são como os porcos-espinhos da parábola de Schopenhauer citada por Freud: num dia gelado de inverno, encontrar uma boa distância entre si para obterem calor sem ficarem tão próximos que se inflijam a desgraça da dor de se espetarem mutuamente. Devem aprender a estar juntos separadamente, para dar conta do mal-estar imposto pela natureza.

Mas isso não basta para regular a tensão interna à sociedade humana, os conflitos entre o amor e o ódio, as parcelas inconquistáveis de barbárie e as polarizações entre as instâncias psíquicas (Eu, Isso, Supereu). É preciso, diz-nos Freud, o grupo produzir seu outro a partir do qual forja sua própria identidade, diferenciando-se e defendendo-se dessa alteridade, eliminando as diferenças internas, fabricando uma unidade fictícia com o objetivo de perpetuar sua dominação real.

De que forma Freud desenvolveu essa questão? Por um lado o trabalho analítico se apoiou no mito da gênese da cultura: no cerne do social, um morto — o pai da horda — habita virtualmente o vivo — o líder da multidão moderna. Antes de continuar, é preciso observar que a utilização do mito como grade de leitura da história política moderna só foi possível porque a psicanálise está articulada sobre um processo que é o centro mesmo do descobrimento freudiano: o *retorno do recalcado*. Trata-se de um conceito que subverte o modo de historiar oficial. Enquanto na historiografia a cena do passado e a do presente estão submetidas ao tempo linear, na psicanálise elas devem ser conjugadas uma na outra, concomitantemente. Junto ao mito, outros instrumentos de trabalho psicanalítico — os conceitos de identificação, eu ideal, ideal do eu e idealização — foram também empregados para dissecar o cenário histórico moderno.

As massas se desenvolvem, ganham e mantêm o poder, a partir do momento em que seus membros colocam um só e mesmo objeto, o líder, no lugar da Ausência constitutiva da cultura. Tendo como modelo de estudo o funcionamento de duas massas artificiais, a Igreja e o Exército, Freud se concentrou em demonstrar que o objeto amado e idealizado, elevado à condição de eu ideal, é o eixo central que sustenta a comunidade de crentes e o exército. Ele comanda as ligações de cada indivíduo com o chefe — modelo privilegiado de identificação — e com os outros indivíduos da massa. Em nome do amor à unidade, ficam abolidas as vontades individuais. A falta de liberdade do indivíduo dentro da massa é, para dizê-lo em termos freudianos, o fenômeno principal da psicologia das massas.

O que isso significa? Significa que a coesão entre os membros se dá, necessariamente, por força da coação externa — o ideal — e que o sacrifício da subjetividade exigido de cada um obtém, como contrapartida, a convicção de se fazer filho querido do *Führer*, cuja vontade se confunde com a lei. Dessa ilusão depende a ligação que une a todos. Na modernidade, a transmutação da figura do pai da horda em pai ideal, pela divinização do líder, traduz o retorno do religioso ao político. Como no estado religioso, a ilusão de que o líder carismático tem o poder de "salvar" a todos do desamparo primordial e da angústia real assegura as reivindicações narcísicas de cada membro.

Entretanto, essa operação só obterá pleno êxito se for possível apagar a ambivalência amor-ódio no interior do grupo. Na psicologia das massas, o ódio, sempre mais antigo que o amor, encontra um escoadouro adequado: dirigi-lo contra o estrangeiro, cuja existência e permanente exclusão obtém, como contrapartida, a coesão comunitária. Ou seja, a palavra de ordem é reprimir a hostilidade e o ódio contra o idêntico a quem se ama para dirigi-los ao outro, à malvada alteridade. Unida pela imagem de idênticos ocupados em reenviar o ódio contra o "de fora", o outro, a massa consolida as bases políticas. "Amarás o próximo como a ti mesmo." A interpretação freudiana desse preceito, enunciado no Antigo Testamento mas transformado em imperativo categórico no Novo Testamento, é colorida de indignação: em nome do amor entre os membros a quem abraça, uma organização permite e incita a todos que expressem intolerância e crueldade contra os estrangeiros, aqueles que não aderem à concepção de mundo e à ideologia que ela difunde.

Este fenômeno grupal de amor entre si e ódio ao outro, Freud denominou de *narcisismo das pequenas diferenças*. O termo narcisismo entra para o vocabulário psicanalítico para designar o modo como o sujeito encontra em si mesmo um objeto de gozo sexual. Quando aplicado às massas o conceito designa a insuflação amorosa da identidade coletiva obtida. Já o termo "pequenas diferenças" foi cunhado para descrever o processo pelo qual, sob a égide do ideal de supremacia, a intolerância ao outro é exibida muito mais intensamente contra as diferenças próximas do que contra as fundamentais.

Em termos "normais", o "narcisismo das pequenas diferenças" está na base da constituição do "nós" e do "outro", na fronteira que tem por função resguardar o narcisismo da unidade. Trata-se de um fenômeno que ocorre na tensão que existe entre povos vizinhos (por exemplo, as rixas entre brasileiros e argentinos), entre indivíduos de estados diferentes de um mesmo país (entre cariocas e paulistas), ou até mesmo dentro de uma mesma cidade (entre a zona sul e a zona norte). Ou seja, são pequenas diferenças reais que impedem que o outro seja um perfeito semelhante, o que significa que o ódio não nasce da distância, mas da proximidade. E, exatamente porque não se trata de uma diferença qualquer, é que se produz o estranhamento que detona os impulsos hostis contra aqueles que estão apenas um *pouco mais além do espelho*.

Levando o fenômeno do narcisismo das pequenas diferenças ao paroxismo, desembocamos na segregação e no racismo, tal como os definem a psicanálise: a repulsa do sujeito ao que lhe é mais íntimo é tomado pelo eu/massa como objeto externo, a quem se endereça o ódio: o estrangeiro. Esse potencial de exclusão, situado para além de uma diferenciação entre o "eu" e o "outro" visa, justamente, toda a eliminação da diferença. O horror ao não-familiar tornou-se, na modernidade, uma arma política do ideal de normalização da sociedade.

No contexto dessa interpretação, o discurso de Hitler é exemplar, pois permite perceber com clareza o que Freud compreendia como pequena diferença: "O judeu habita em nós; porém, é mais fácil combatê-lo sob sua forma corporal do que sob a forma de um demônio invisível." Essa fantasia violenta e homicida é um exemplo preciso de como, em última instância, a manipulação pura e simples do ódio se serve da dimensão agressiva do sujeito quando face a face com a inquietante estranheza do outro, aquilo que lhe é a um só tempo o mais íntimo e o mais exterior.

Alguns anos depois de ter escrito sobre a psicologia das massas, Freud indagava-se sobre a intolerância orientada em direção do estrangeiro, cuja existência mantém a multidão coesa: "Perguntamo-nos o que farão os sovietes, depois de exterminarem todos os seus burgueses." Nesta indagação está contido o futuro que a humanidade estava por viver: no empenho de alcançar a unidade almejada — todos iguais a Um —, a soberania moderna caminhou da segregação ao extermínio. A vontade de uniformização dos indivíduos manifestada pelo nazismo, pelo fascismo e pelo stalinismo se inscreve para além da tendência de apagar a diferença no interior do grupo e passá-la para fora. Ela propõe o pior: a eliminação de qualquer diferença, mesmo quando fora do conjunto.

A rigor, a lógica freudiana da psicologia das massas é excepcionalmente adequada para nortear a compreensão do que hoje conhecemos como o totalitarismo, o regime no qual a lei se confunde com a vontade do *Führer*. De forma impressionante, alguns anos antes da eclosão do nazismo Freud viu na função que Hitler ocupou — ao ser colocado no lugar do ideal de eu pelos membros da massa — o retorno da religião ao político. De uma maneira geral, podemos dizer que a concepção de "narcisismo das pequenas diferenças" se antecipa, ainda que se diferencie por razões de enfoque, a alguns conceitos forjados por pensadores que se dedicaram a refletir sobre as crises do mundo contemporâneo — o preconceito, as organizações fascistas e totalitárias. Por exemplo, o conceito de *inimigo objetivo* de Hanna Arendt — o grupo que, a critério da liderança totalitária, é eliminado em nome da ideologia da máquina estatal — aproxima-se da idéia freudiana de que o projeto de discriminar e isolar é parte integrante da estrutura das massas políticas e religiosas, e do fortalecimento do Estado.

De modo convincente, em *O mal-estar na civilização*, Freud faz alusão ao fato de não ter sido por mero acaso que o sonho de um império germânico universal tenha precisado criar o anti-semitismo como seu complemento. O Reich alemão logrou instalar a segregação e a intolerância como meio de garantir o sucesso de sua unidade política. O fortalecimento da cultura anti-semita, do ponto de vista da psicanálise, se dava à custa de uma compulsão violenta e opressiva de impor critérios ideais à maioria e esgotar a alteridade do outro. Em termos freudianos, ao legitimar a violência social contra o bode expiatório que ele próprio criou, o Estado perfeitamente racionalista fazia uso de um dispositivo passional inconsciente. Obrigando o sujeito a escolher seu objeto de amor no interior do grupo, ficava abolida, de imediato, a proibição simbólica do incesto. Essa estratégia de burlar a castração imposta pela lei paterna marca um revés fundamental: a organização social fica ordenada sob a égide de um regime plantado sobre a denegação da morte e do narcisismo ilimitado.

O escândalo que os textos freudianos que tratam da psicologia das massas causam é demonstrar que existem, pelo menos, duas posições subjetivas, determinadas por processos psíquicos diferentes, na formação dos grupos humanos. Alguns sujeitos conseguem formar grupos tributários da alteridade e do conhecimento da Lei — o que significa que mantêm a distância infinita necessária em relação à figura mítica do pai morto. No caminho inverso, os grupos com alto grau de organização revelam que a multidão, sob a experiência psíquica do desamparo, tomada pela angústia e pelo sentimento de culpa, insiste em "ressuscitar" o cadáver insepulto do pai onipotente e mergulhar no terreno das ilusões.

Uma das características da modernidade é essa tentativa de restabelecer uma figura de excesso que, oferecendo às massas a quimera de protegê-la da castração e da morte, desenvolve em troca um poder ilimitado exercido paradigmaticamente nos regimes totalitários. Trata-se, na verdade, de uma estratégia de poder fixada na infantilização do sujeito, em sua dominação real que gera em escala coletiva a destruição e a morte. Ou seja, apesar da anunciada morte de Deus, os tempos modernos não deixam de produzir uma religião de "ateus", comandada pela horda que retorna para "enlouquecer, literalmente, as multidões de filhos".

Viena e suas figuras de alteridade

Duas figuras de alteridade assombravam a Viena de Freud: feminilidade e judeidade. De uma maneira geral, o pânico da feminização vivido na modernidade vienense correspondia ao horror de sua judeização. Tais fantasmas serviram de esteio ao discurso anti-semita que passou a atribuir à mulher o fato de ter trazido o pecado ao mundo e ao judeu o perigo de degeneração do órgão sexual masculino. Historicamente, a emancipação da mulher ocorrida no decurso do século XIX, ainda que constantemente precária e freqüentemente questionada, começou a ser acompanhada do surgimento do antifeminismo calcado no tradicionalismo e em questões morais quanto ao estatuto da mulher. Já o discurso médico-social da cultura austríaca abalou os alicerces da emancipação político-social dos judeus. A idéia de que a prática da circuncisão do povo judeu expõe o varão às doenças sexualmente transmissíveis e à degeneração do órgão masculino forneceu subsídios ao projeto anti-semita de diabolização do outro. Por outro lado, essas crenças ficaram próximas da idéia do indivíduo masculino em revolta contra o feminino — puritano e misógino. No campo da filosofia, é na escrita de Otto Weininger que feminilidade e judeidade aparecem em estreita relação, fazendo precisamente da mulher e do judeu o espírito mesmo da modernidade, e da sexualidade o valor supremo.

A proposta desse elo indissolúvel entre feminilidade e judaísmo tornou-se bastante conhecida entre os intelectuais vienenses. O próprio Freud, ao redigir o caso do Pequeno Hans, lembra as idéias de Weininger ao assinalar que o "complexo de castração é a raiz mais profunda do anti-semitismo, uma vez que já no quarto das crianças o menino ouve dizer que cortaram algo no pênis dos judeus — um pedaço do pênis, pensa ele —, e isso lhe dá o direito de desprezá-lo". Desde então a psicanálise formula, com sua linguagem específica, um tema central da teoria crítica do final do século XIX e começo do século XX: a raiz inconsciente mais forte do sentimento de superioridade sobre as figuras da mulher e do judeu é a diferença sexual.

Sob a sombra dessa realidade discriminatória generalizada da modernidade vienense, Freud elaborava a teoria da sexualidade, na qual o conceito de complexo de castração se sobressai. Longe de fazer uma analogia entre o Judeu e o Feminino, ele insistiu apenas em demonstrar que a vivência sinistra diante da circuncisão é homóloga à impressão inquietante causada pelo sexo da mulher. Ambas provocam um horror determinado: o horror à castração. E quando, em psicanálise, falamos de horror à castração, estamos nos referindo à angústia que a diferença causa. É esse afeto a raiz comum entre o antifeminismo e o anti-semitismo.

A cultura, como já se disse, reproduz as mesmas fantasmagorias do neurótico. Em seu *Moisés*, Freud retorna ao tema da circuncisão designando-a como um dos traços que funda a estranheza do outro. Porque lembra a ausência ou a privação e desperta estranheza, a circuncisão faz com que, diante dela, o incircunciso se depare com a falência do ideal de uma virilidade sem perdas. Nesse sentido é que, para a psicanálise, o anti-semitismo pode ser entendido como uma recusa a viver o luto das perdas e transtornos fundadores da subjetividade moderna.

Ocorreu a Freud desenvolver o tema do anti-semitismo, ainda que de maneira transversa, nesse último grande texto. Mesmo escrevendo sob a vigência de um regime de segregação e sendo ele próprio um judeu, Freud não se furta a pensar o mal-estar e fazer sua última incursão no plano da política. Justamente, um dos motores da escrita de *Moisés* foi a resposta que procurou dar à questão que ele próprio endereçou a Arnold Zweig: "Diante das novas perseguições, pergunto-me: como os judeus se tornaram o que são, e por que atraíram para si este ódio inextinguível?"

Ao convocar os traços do Antigo Testamento para inscrever os traços da escrita psicanalítica, Freud delineia os contornos de sua teoria em íntima consonância com os acontecimentos culturais e políticos que vivia. Mais uma vez, surpreende a todos. Através do paradigma da figura do judeu, o estrangeiro ancestral da massa, ele põe à prova a noção de narcisismo das pequenas diferenças, retorna a *Totem e tabu* na intenção de colher instrumentos para empreender uma leitura crítica radical daquele momento da História e, finalmente, apresenta um estudo psicanalítico completo sobre o devir do sujeito moderno.

E de que modo a complexa figura do judeu, em sua vivência de contínuos deslocamentos geográficos e de renúncias pulsionais, se tornou uma espécie de sinal negativo, um catalizador de ódio, da política nacional-socialista? Freud foi buscar respostas no seio mesmo da formação da Alteridade para os judeus. Sob o impacto da desmaterialização de Deus — causada pela imposição do segundo Mandamento da lei mosaica, que proíbe construir uma imagem para Deus —, abriu-se um fosso radical entre o homem e a divindade que o cristianismo procurará depois preencher com a Boa Nova do Novo Testamento, a do sacrifício do filho. O Deus dos judeus não tem lugar, ou melhor, seu lugar é atópico, seu tempo é vazio de imagens e seu nome não se pronuncia. A idéia de um Deus não subsumido ao familiar e ao conhecido obrigou o povo ao esforço de se manter voltado para o Incognoscível. O Deus rigorosamente impensável e inassimilável nada tem a ver com outras formas de expressão religiosa do homem, do Totem ao Deus trinário cristão: seu estatuto é de outra ordem.

Freud considerou que essa concepção de um Deus cuja presença define-se pela ausência é uma ética de superação das idolatrias. Evidentemente, nada poderia haver de mais insuportável para a economia psíquica da multidão estruturada em torno de um líder carismático, do sentido da imagem e da presença figurada, do que a idéia de uma alteridade sem conteúdo, sem nome, sem essência, transparente como o ar do deserto. Presença do irrepresentável. Uma reflexão imediata nos faz concordar com as idéias do teórico da cultura George Sterner, em suas notas para redefinição de cultura, de que o estranho e compulsivo caráter da massa acabou por alimentar ódios profundos contra aqueles que introduziram o escândalo da alteridade radical, de uma ausência sem limite de tempo, de ontem, de hoje e de sempre.

Todas essas diferenças — a prática da circuncisão e a exigência iconoclasta do judaísmo —, somadas a algumas outras, subtendidas pela pulsão agressiva capaz de degenerar em atrocidades e barbárie segundo o estágio mais acabado do pensamento freudiano, opõem entre si o judeu e o outro. Não sem razão, alguns autores chegam a afirmar que as conclusões de Freud sobre o destino que a solução política do nazismo reservou ao judeu na metade do século XX foram de uma clarividência extraordinária. Até mesmo porque ele não conheceu o Holocausto. O que nos faz pensar que, por reconhecer a inclinação destruidora e inóspita nos homens, o gozo impossível de simbolizar, e por estar extremamente atento à política de seu tempo, pôde prever, de certa forma, os efeitos catastróficos desta.

Nessa mesma perspectiva, no campo da psicanálise convém seguir as indicações de Lacan, para quem o *Shoah* ("catástrofe", termo hebraico para se referir ao Holocausto) não pode ser avaliado como um acidente histórico pretensamente ultrapassado. Muito menos julgado como uma operação guerreira: a invenção de máquinas fabricantes de cadáveres que os faziam entrar no ciclo da produção/consumo, dentro da perspectiva lacaniana, foi o saldo da aliança feita entre o poder das invenções tecnocientíficas e as organizações nazistas em sua determinação de eliminar qualquer resquício de alteridade. Ao referir o conceito de gozo à investigação de Freud sobre as manifestações mórbidas resistentes à cura, Lacan encontra que os campos de extermínio da Segunda Guerra Mundial foram os precursores do que "irá se desenvolver como conseqüência do remanejamento dos grupos sociais pela ciência, e notadamente a universalização que ela introduz neles". Essa tentativa de universalização do sujeito, no atual estágio de predomínio do discurso da ciência, intensifica o fenômeno de segregação pela produção de figuras de sacrifícios, que servem ao saneamento das próprias impurezas da comunidade de idênticos. E, como a História não cansa de demonstrar, são poucos os sujeitos que deixam de sucumbir à compulsão de oferendar um objeto de sacrifício a "deuses obscuros", e disso extrair um elevado gozo narcisista.

Convém também aos psicanalistas aproximarem-se de outros campos do saber onde alguns pensadores trazem excelentes contribuições à reflexão sobre a posição, nos cálculos e estratégias do poder estatal, da figura do estrangeiro. Por exemplo, a teorização de Giorgio Agamben em torno de uma figura do direito arcaico romano — o *homo sacer*, que se inclui na ordem jurídico-política unicamente sob a forma de sua exclusão numa zona de indiferenciação flutuante, isto é, dentro e fora da lei. O filósofo italiano define o homem sacro como vida matável, ou vida nua, que não merece ser vivida. Trata-se de uma categoria que, por desenvolver uma análise filosófica contundente sobre a política ocidental contemporânea, pode ajudar o analista a avançar em questões que recaem sobre a civilização moderna em sua relação com a pulsão de destruição. Agamben reconhece que o poder ocidental moderno precisou criar novos homens sacros que, espalhados por campos de refugiados, de concentração e de extermínio, paradoxalmente, sustentam o Estado-nação. Para ele, entre os inúmeros exemplos de vida nua que se pode encontrar no mundo atual, os judeus são por excelência os representantes da vida matável que a modernidade cria, necessariamente, no seu interior, mas cuja presença não mais consegue tolerar.

Enquanto as tentativas de Freud de pensar psicanaliticamente o anti-semitismo ocorreram mais perto do final de sua vida e obra, o antifeminismo foi uma preocupação que ele carregou desde os primórdios da invenção do método psicanalítico, quando ainda clinicava sob as bases do método catártico. Na verdade, foi diante da figura do Feminino que ele se deparou com a impossibilidade de produzir uma resposta definitiva ao enigma que a mulher coloca à psicanálise. Entre o enigma da feminilidade e a questão sobre o que quer uma mulher, Freud irá se debater durante toda sua obra: Freud, escritor e por vezes poeta, aquele que fazia da mulher a musa inspiradora do seu texto; e Freud cientista, aquele que tentava produzir uma resposta, necessária ao discurso da psicanálise, sobre a sexualidade feminina, aquele que ousou escutar a mulher desde um outro lugar, boquiaberto, perplexo diante da impossibilidade de uma solução, mas desejoso de que a mulher lhe revelasse, através de sua fala, algo mais sobre si mesma.

Dessa forma, embora muitas vezes se considere erroneamente que a teoria freudiana peca por chauvinismo, seu criador debruçou-se incansavelmente sobre a sexualidade da mulher, procurando diferenciá-la e dar a ela um estatuto radicalmente diferente do estatuto do homem. Se num primeiro momento de sua obra ele compara a sexualidade feminina à masculina, localizando no corpo da mulher uma zona erógena homóloga à do homem, e em seguida efetua uma equiparação entre os dois sexos ao introduzir em sua teoria o papel estruturante do falo na subjetivação de ambos, logo se deixa guiar pelas palavras femininas e reconhece, prontamente, ser o feminino um "continente negro". Negro porque ausente no imaginário e no simbólico, ele terá de ser construído ininterruptamente e desmoronado imediatamente. Por isso, a feminilidade é uma figura de alteridade que Freud reconhece deter um dizer ininterrupto sobre o inconsciente.

Freud fez da feminilidade o lugar de entrecruzamento do inconsciente com o processo da cultura. A histérica é aquela que denuncia através de seu sintoma uma das causas de sua infelicidade: uma civilização demasiadamente fálica que se opõe a seu querer-feminino, ou pelo excesso (supervalorização sexual) ou pela falta (depreciação amorosa). Essa recusa à feminilidade imposta pela civilização, seja por processos claros ou sutis de repressão, neurotiza a mulher.

Avesso à possibilidade de a mulher renegar sua feminilidade, que ele próprio considerava "a coisa mais deliciosa que o mundo tem a nos oferecer", Freud reservou a ela o lugar de representante de Eros na civilização. É porque a mulher, em sua feminilidade, se traduz como falta a ser amada que o homem a deseja. A conseqüência imediata desse "jogo", sem dúvida, é a cultura. É através de seu querer que se desfaz incessantemente que "Eros/Mulher" faz nascer o desejo nos homens, e, dessa forma, não só torna-se um antídoto contra a morte, no que promove a união no sentido da vida, como também converte-se em impedimento à homossexualidade das massas, com seu dom de instalar a diferença.

Pacifismo, responsabilidade e ética

Quando convidado a debater com Einsten sobre o tema "Por que a guerra?", Freud endereça ao físico a seguinte questão: "Por que nos revoltamos tanto contra a guerra, o senhor e eu, e tantos outros? Por que não a aceitamos como uma entre outras tantas necessidades penosas da vida?" Com seu estilo de escrita inconfundível, responde à pergunta de modo inteiramente inusitado. Longe de considerar, como era de se esperar, que a recusa à barbárie é conseqüência imediata da lógica da razão, afirma que para alguns homens o horror à guerra, a expulsão das sementes de barbárie de dentro de si mesmo, resulta, provavelmente, de um determinismo quase orgânico.

De que forma isso teria ocorrido? Expondo sua última posição sobre a guerra, Freud considera que ao longo do processo civilizatório determinados gozos incomensuráveis que o homem um dia experimentou foram sendo reprimidos, a ponto de determinarem "fundamentos orgânicos nas modificações de cânones estéticos e éticos" da humanidade. Ou seja, do ponto de vista da psicanálise, no curso da História, as repressões das satisfações agressivas mais primitivas adquiriram uma característica transmissível. Isso é o que determina que o gozo obtido pelo bárbaro seja insuportável para alguns homens. Ainda que poucos, por razões de "degradações estéticas" que a destruição inflige, esses homens tornaram-se pacifistas de modo absolutamente singular.

Como já foi dito, a guerra é o campo privilegiado do retorno da barbárie à civilização moderna. Freud não nutre ilusões: quando o homem experimenta o horror da guerra diante das crueldades perpetradas, isso se dá porque, no lugar da vítima, imagina um de seus familiares ou amigos. Seu narcisismo fica ferido no momento em que se identifica com a vítima. Por outro lado, qualquer comoção de ordem caridosa despida da responsabilidade que cada um deve abrigar em si mesmo é igualmente inócua e perigosa: pode se tornar um álibi para os próprios assassinos, que, rápida e cinicamente, transformam-se em arautos da paz e assim se desculpabilizam. Apenas a aversão estética e ética, experimentada por poucos, situada mais além do ideal de erradicar o mal, ou da ilusão da construção de um mundo sem violência e sem ódio, é capaz de minorar a experiência da barbárie no plano político. É assim que devemos entender a resposta a Einsten: indignar-se contra a guerra significa simplesmente que "para nós, pacifistas, trata-se de uma intolerância constitucional, de uma idiossincrasia".

E talvez o uso da expressão "intolerância constitucional" tenha sido apenas um recurso da retórica freudiana para falar sobre uma estratégia de combate que só pode emergir no campo da ética do outro. Freud foi categórico: o antídoto contra o traço compulsivo e indestrutível de assimilar, humilhar, destruir e infligir dores ao outro que a humanidade carrega é manter a chama do desejo de construir a vida permanente e infinitamente acesa. Para melhor compreender essa posição, evoquemos a recomendação de velhos intérpretes do Antigo Testamento de ler o Mandamento bíblico "Não matarás" pelo avesso, sob o signo do desejo: "Farás tudo para que o outro viva." É essa postura de compromisso com a vida que liga o freudismo ao pacifismo. Se houver um lugar específico para a psicanálise na cultura, será o de convocar a responsabilidade do sujeito pelo outro e pelo Outro.

Ainda que no plano do coletivo o analista seja impedido de exercer a clínica sob transferência (como ocorre no desenrolar da análise do sujeito), por razões éticas não pode deixar de escutar e denunciar a impunidade requerida pelos movimentos a favor da guerra, da segregação, do racismo etc. Essa posição que impede à psicanálise ficar neutra na luta entre o obscurantismo da bárbarie e a cultura liga-se a sua responsabilidade cívica, de modo inexorável. Espera-se de um analista que, em nenhuma circunstância, por ele distinguir as forças mais enigmáticas da natureza humana, justifique condutas que venham a colocar em risco o laço social entre os homens. Estas são questões que provocam no analista o desejo de preservar os fundamentos de sua prática: convocar a alteridade a desfazer os jogos de espelhos, direcionando o sujeito a apropriar-se de sua história no reconhecimento da existência do outro.

Sem pessimismo nem tampouco otimismo (dois lados de uma mesma moeda que se contentam em enxergar apenas uma face dos problemas), Freud, que já havia muito cedo reconhecido a impossibilidade de uma humanidade pacificada com o bem, não dispensa reconhecer que "tudo aquilo que trabalha pelo desenvolvimento da cultura trabalha também contra a guerra". Aposta concentrada na luta imbatível entre dois gigantes: o amor e a morte. Os ecos do poema bíblico "O cântico dos cânticos" – "o amor é forte/é como a morte" — ressoam na convicção freudiana de que Eros é forte, é como Tanatos. Até mesmo porque que espécie de futuro nos aguarda "se não aprendermos a distrair as nossas pulsões do ato de destruir a nossa própria espécie, se continuarmos a odiar um ao outro por pequenas disputas e matar um ao outro por um ganho mesquinho"?

Na realidade, Freud demonstra com a própria vida o que diz. Em 1934, quando os nazistas jogaram nas fogueiras de Berlim seus livros e escritos, pelo fato de ser um judeu, não se deixou intimidar pelo arbítrio do tirano: se lhe queimavam os livros, restava-lhe recolher as letras das fogueiras e escrever outros. Foi de certo modo nessa lógica e nessa ética que continuou produzindo sem temor e sem horror, quando o corpo do judeu se tornou objeto privilegiado da política de extermínio. Apesar de sua avançada idade e da morte que o espreitava de perto, não parou de abrir caminho, com a escrita, ao devir da psicanálise.

Por conta de seu ofício, nenhum analista pode, a rigor, alimentar o sonho de um futuro messiânico que possa vencer a tendência do homem ao estado inanimado. Tampouco deve regar o pessimismo desenfreado de que Tanatos conduzirá à extinção da raça humana. Segundo Freud, estes são falsos dilemas que implicam a tendência a apagar todas as diferenças no interior das reflexões e críticas sobre os destinos da cultura e o futuro da psicanálise.

Quanto aos destinos da cultura, mais de cem anos depois do nascimento da psicanálise, ninguém pode ignorar que nos dias atuais ressurge a dimensão catastrófica do psiquismo. Suas origens são anteriores à elaboração e à libertação do pai da horda. Abre-se uma brecha no centro de novas formas do mal-estar na civilização: a passagem ao ato violento na delinqüência, a toxicomania, a massificação obscena da singularidade no seio da cultura, o totalitarismo que se coloca acima da lei, o fundamentalismo como instrumento da lei divina etc. Importa salientar que a existência desses sintomas põe à prova o devir da psicanálise. Sem dúvidas, o futuro da psicanálise depende da responsabilidade do analista em manter seu trabalho voltado para a dinâmica psíquica do sujeito, individual ou coletivo, sem abrir mão do rigor dos conceitos freudianos.

Convém sempre lembrar Freud: na ocasião em que foi preciso fugir da Áustria anexada pelo Reich alemão, ele propôs aos analistas presentes à última reunião da Sociedade Psicanalítica de Viena que, no exílio, procurassem pedir licença para continuar o trabalho analítico e a transmissão da psicanálise na "diáspora". Nesse momento difícil, apesar das decepções, dores e do exílio forçado, Freud deixa transparecer uma esperança: para que a psicanálise se faça mais forte do que a destruição e se sobreponha ao terror da história, seus avanços devem de ser garantidos na cultura pelo escutar da inesgotável melodia da pulsão.

Referências e fontes

• As citações de Freud foram traduzidas pela autora a partir da edição argentina das *Obras completas* publicada por Amorrortu Editores, de Buenos Aires (doravante AE). Já os títulos dos artigos e livros de Freud mencionados no corpo do texto são os que lhes dá a *Edição Standard Brasileira*, da Imago Editora.

De *El malestar en la cultura* provêm as citações das páginas 20, 33, 39-40, 41, 49 (AE, 1979, vol.20, p.83, 84, 116, 108, 111-2, 111 respectivamente).

De "Por qué la guerra?" vêm as citações das p.24 e 60 a 63 (AE, vol.22, p.194, 196, 197,198).

As citações de Freud da p.22 estão em "Dos artículos de enciclopédia: 'Psicoanálisis' y 'Teoria de la libido'" (AE, vol.18, p.249) e em "Delírios y sueños en la 'Gradiva' de W. Jensen" (AE, vol.10, p.62). Para as p.34, ver "Presentación autobiográfica" (AE, vol.20, p.68). No caso da p.38, citados de "De guerra e morte. Temas de actualidade" (AE, vol.14, p.293 e 282). A citação à p.53 está em "Analisis de la fobia de um niño de cinco años" (AE, vol.10, p.32).

• A citação da p.27 é de Luiz Cláudio Figueredo, "Sobre pais e irmãos. Mazelas da democracia no Brasil", in Maria Rita Kehl (org), *Função fraterna* (Rio de Janeiro, Relume Dumará, 2000, p.149).

• A citação da p.32 é de Henry Rey-Flaud, "Os fundamentos metapsicológicos de *O mal-estar na cultura*", Jacques Le Rider, in *Em torno de* O mal-estar na cultura *de Freud* (São Paulo, Escuta, 2002, p.21). Minhas considerações sobre a reconstituição da gênese da civilização a partir da ontogênese do sujeito acham-se, em grande parte, amparadas nesse texto.

• O exposto à p.39 sobre o conceito de pulsão de morte baseou-se em minha leitura de Jacques Derrida, *Mal de arquivo* (Rio de Janeiro, Relume Dumará, 2001).

• O conceito de "inimigo objetivo" ao qual me refiro à p.50 está na obra de Hanna Arendt *A origem do totalitarismo.* (Rio de Janeiro, Documentário, 1979).

• A citação da p.52 é de Paul-Laurent Assoun, em "El sujeito del ideal", in *Aspectos del malestar em la cultura* (Buenos Aires, Manantial, 1987, p.110).

• A citação de Freud na p.54 é um excerto da *Correspondência Freud-Zweig* (Buenos Aires, Grancia, 1974, p.99).

• A afirmação de Sterner reproduzida na p.56 pode ser encontrada em seu *No castelo do Barba Azul* (Lisboa, Relógio dÁgua, 1982, p.47).

• As considerações de Lacan, expostas às p.56-7, sobre as formas mais monstruosas e pretensamente ultrapassadas de extermínio encontram-se na "Proposition du 9 octobre 1967", *Sclicet* 1 (Paris, Seuil, 1968).

• O conceito de *homo sacer*, ao qual me refiro à p.57, está desenvolvido na obra de Giorgio Agamben *Homo Sacer: o poder soberano e a vida nua I* (Belo Horizonte, UFMG, 2002).

• A apreciação de Freud sobre o feminino, citada à p.59-60, encontra-se na obra de Paul-Laurent Assoun *Freud e a mulher* (Rio de Janeiro, Jorge Zahar, 1993, p.150).

• A pergunta de Freud citada à p.63 é um excerto de sua correspondência com Roman Rolland, retirado de *Correspondência de amor e outras cartas* (Rio de Janeiro, Nova Fronteira, 1982, p.398).

Leituras recomendadas

Além dos livros citados nas "Referências e fontes", sugiro ainda a leitura das seguintes obras:

Paul-Laurent Assoun, *O freudismo* (São Paulo, Companhia das Letras, 1989). Trata-se de uma obra que aborda o freudismo em ação na cultura como um todo, cujos mal-estares, sintomas e impasses lhe compete diagnosticar.

Nestor A. Braunstein, *Por el camino de Freud* (México, Siglo XXI, 2001). Entre outros temas, o da guerra é perscrutado com rigor e clareza pelo autor.

Michel de Certeau, *História y psicoanalisis* (México, Universidad Ibeoroamericana, 1995). A inter-relação da psicanálise com a ciência e com a ficção é examinada nesse volume com extrema acuidade.

Marco Antonio Coutinho Jorge. *Fundamentos da psicanálise de Freud a Lacan. Vol. 1: As bases conceituais* (Rio de Janeiro, Jorge Zahar, 2000). Os conceitos fundamentais da teoria psicanalítica, que o mito da horda primitiva exprime no registro da filogênese, são examinados com minúcias nessa obra.

Sigmund Freud, *Obras completas* (Buenos Aires, Amorrortu Editores, 1979), especialmente "Acciones obsesivas y practicas religiosas" e "La moral sexual cultural y la nerviosidad moderna" (vol.9); *Mas allá del princípio del placer* e "El Ego y el ello" (vol.18); "La feminilidade" e "Angústia y vida pulsional" (vol.22) e "En torno de una cosmovisón (35ª conferencia)".

Betty Bernardo Fuks, *Freud e a judeidade. A vocação do exílio* (Rio de Janeiro, Jorge Zahar, 2000). Uma análise da judeidade de Freud e de suas incidências na descoberta do inconsciente e nas reflexões críticas à civilização.

Ricardo Goldemberg, *No círculo cínico ou Caro Lacan, por que negar a psicanálise aos canalhas?* (Rio de Janeiro, Relumé Dumará, 2002). Um excelente estudo psicanalítico sobre a contemporaneidade.

Chaim Samuel Katz, "O mal-estar", in *Política e cultura, século XXI* (Rio de Janeiro, Relume Dumará, 2002). Texto critico sobre a ressurreição das religiões na contemporaneidade, tendo como referência a noção de mal-estar.

Catarina Koltai, *Política e psicanálise. O estrangeiro* (São Paulo, Escuta, 2000). Um texto original sobre o horror ao estrangeiro.

Carlos Augusto Nicéas, "1939-1912", in *Hélio Pellegrino A-Deus*, (Petrópolis, Vozes, 1988). Um ensaio que disseca, com rigor, as idéias de Freud sobre a religião, tendo como referência a noção lacaniana do Nome do Pai.

Michel Plon, "Da política em O mal-estar ao mal-estar da política", in Jacques Le Rider, *Em torno de* O mal-estar na cultura *de Freud* (São Paulo, Escuta, 2002). Nesse texto, a temática da política é rastreada nos textos de Freud e de Lacan.

Romildo do Rêgo Barros, "A pequena diferença entre pele e espinho", in *Ágora, Estudos em Teoria Psicanalítica* (Rio de Janeiro, UFRJ, vol.I, 1998). Uma análise original sobre a noção freudiana do "narcisismo das pequenas diferenças" a partir dos registros clínicos do imaginário e do real.

Paulo Sérgio Rouanet, *Mal-estar na modernidade* (São Paulo, Companhia das Letras, 1993). Uma leitura extremamente original sobre o mal-estar moderno, que se manifesta sob a forma de um grande ressentimento contra a civilização.

Sobre a autora

Betty Bernardo Fuks é doutora em comunicação e cultura pela Escola de Comunicação da UFRJ. Psicanalista, é professora do curso de especialização clínica da Pontifícia Universidade Católica do Rio de Janeiro, do mestrado profissional em psicanálise, saúde e sociedade da Universidade Veiga de Almeida e Bolsista de Produtividade em Pesquisa do CNPq (Conselho Nacional de Desenvolvimento Científico e Tecnológico). Possui diversos artigos publicados e é autora de *Freud e a judeidade: A vocação do exílio*, lançado por esta casa, em 2000, e traduzido e publicado pela Editora Siglo XXI, México, em 2005 e também pela editora Agincourt Press, Nova York, 2008.

Coleção **PASSO-A-PASSO**

Volumes recentes:

CIÊNCIAS SOCIAIS PASSO-A-PASSO

O negócio do social [40], Joana Angélica Barbosa Garcia

Origens da linguagem [41], Bruna Franchetto e Yonne Leite

Antropologia da criança [57], Clarice Cohn

Patrimônio histórico e cultural [66], Pedro Paulo Funari e Sandra de Cássia Araújo Pelegrini

Antropologia e imagem [68], Andréa Barbosa e Edgar T. da Cunha

Antropologia da política [79], Karina Kuschnir

Sociabilidade urbana [80], Heitor Frúgoli Jr.

Pesquisando em arquivos [82], Celso Castro

Cinema, televisão e história [86], Mônica Almeida Kornis

FILOSOFIA PASSO-A-PASSO

Estética [63], Kathrin H. Rosenfield

Filosofia da natureza [67], Márcia Gonçalves

Hume [69], Leonardo S. Porto

Hannah Arendt [73], Adriano Correia

Schelling [74], Leonardo Alves Vieira

Niilismo [77], Rossano Pecoraro

Kierkegaard [78], Jorge Miranda de Almeida e Alvaro L.M. Valls

Filosofia da biologia [81], Karla Chediak

Ontologia [83], Susana de Castro

John Stuart Mill & a liberdade [84], Mauro Cardoso Simões

Filosofia da história [88], Rossano Pecoraro

Teoria do conhecimento [91], Alberto Oliva

PSICANÁLISE PASSO-A-PASSO

Psicanálise com crianças [75], Teresinha Costa

Feminino/masculino [76], Maria Cristina Poli

Cinema, imagem e psicanálise [85], Tania Rivera

Trauma [87], Ana Maria Rudge

Édipo [89], Teresinha Costa

A psicose [90], Andréa M.C. Guerra

A angústia [92], Sonia Leite

Educação e psicanálise [93], Rinaldo Voltolini

Os outros em Lacan [94], Antonio Quinet

A paixão [95], Marcus André Vieira

Histeria: o caso Dora [96], Nadiá Paulo Ferreira e Marcus Alexandre Motta